CHASSE ROYALE,

OPÉRA EN DEUX ACTES,

PAROLES DE M. V. DE SAINT-HILAIRE,

Musique de M. Jules GODEFROID.

REPRÉSENTÉ, POUR LA PREMIÈRE FOIS, A PARIS, SUR LE THÉATRE DE LA RENAISSANCE, LE 29 OCTOBRE 1839.

PRIX : 50 CENTIMES.

PARIS.

MARCHANT, ÉDITEUR, BOULEVART SAINT-MARTIN, 12.

1839

CHASSE ROYALE,

OPÉRA EN DEUX ACTES,

PAROLES DE M. V. DE SAINT-HILAIRE,

Musique de M. Jules Godefroid,

REPRÉSENTÉ, POUR LA PREMIÈRE FOIS, A PARIS, SUR LE THÉATRE DE LA RENAISSANCE, LE 29 OCTOBRE 1839.

PERSONNAGES.		*ACTEURS.*
FRANÇOIS 1er................................	MM.	HURTEAUX.
LE COMTE DE SAINT-POL......................		GAUTHIER.
BAZILE, garde-chasse........................		DAUDÉ.
HOCQUART, premier garde du bois de Meudon.........		ZELGER.
DENISE, bouquetière.........................	Mmes	ANNA THILLON.
LA DUCHESSE D'ÉTAMPES......................		CHAMBÉRY.

SEIGNEURS de la suite du roi, PAGES, ÉCUYERS, PIQUEURS, PAYSANS.

La scène est dans le bois de Meudon.

ACTE PREMIER.

Le théâtre représente un fourré du parc de Meudon. Çà et là des petits sentiers venant aboutir à un rond-point au milieu du théâtre. Il y a très-peu d'espace libre sur la scène. Le terrain est inégal et va s'élevant vers le fond. A droite*, au premier plan, une petite grotte sous laquelle est un banc de mousse et ayant deux issues. A l'extrémité supérieure de la grotte, une croix en bois. A gauche, également au premier plan, une retraite dans le taillis, et un poteau indiquant la route de Paris.

SCENE PREMIERE.

LES GARDE-CHASSES, LES PAYSANS.

Au lever du rideau, il fait petit jour ; deux gardes sont montés sur des arbres ; il font un appel de cor-de-chasse ; on y répond à droite et à gauche, et l'on voit bientôt paraître, de différens côtés à la fois, les autres gardes, et les paysans armés de grands bâtons pour rabattre.

CHOEUR.

Taïaut ! taïaut ! taïaut ! la chasse sera belle !
Le plaisir nous appelle.
    Hâtons-nous,
    Courons tous
Au royal rendez-vous.

SCENE II.

LES MÊMES, BAZILE.

BAZILE, *en entrant.*

Il faut encore attendre ;
Maître Hocquart ici doit se rendre ;
Sans lui nous ne pouvons partir.

CHOEUR.

Mais qui peut donc le retenir ?

BAZILE.

En l'attendant, chers camarades,
A nos gourdes ayons recours,
Et buvons deux bonnes rasades
A saint Hubert, à nos amours !

* NOTA. Toutes les indications de *droite* et de *gauche* doivent s'entendre relativement à l'acteur faisant face au public.

LE CHŒUR.

Oui, buvons deux bonnes rasades
A saint Hubert, à nos amours !

*Ils choquent leurs gourdes en disant : A saint Hubert ! ils
boivent un premier coup et un second coup en disant :
A nos amours.*

BAZILE.

Et maintenant, buvez à la plus belle,
Elle est à moi.

LE CHŒUR.

Voyez-vous ça !
La plus belle !

BAZILE.

Oui, la plus belle !
Sur son portrait fidèle,
Écoutez, jugez-la.

LE CHŒUR.

Sur son portrait fidèle,
Écoutons, jugeons-la.

BAZILE.

PREMIER COUPLET.

Pied mignon, taille fine,
A tenir là-dedans ;
Un regard qui lutine,
Teint rosé, blanches dents :
Elle a tout ; quoi qu'on dise,
Rien ne vaut ma Denise !
Oui, ma foi,
Croyez-moi,
C'est un vrai morceau de roi !

LE CHŒUR.

Si c'est un morceau de roi,
Bazile, prends garde à toi !

BAZILE.

DEUXIÈME COUPLET.

La plus simple toilette
Sur elle plaît toujours ;
Car sa grâce parfaite
Peut se passer d'atours :
Elle a tout ; quoi qu'on dise,
Rien ne vaut ma Denise !
Oui, ma foi,
Croyez-moi,
C'est un vrai morceau de roi !

LE CHŒUR.

Si c'est un morceau de roi,
Bazile, prends garde à toi !

BAZILE.

TROISIÈME COUPLET.

Par sa danse légère
Elle vous rendrait fous !
Aucune autre bergère
N'a des chants aussi doux !
Non, vraiment, quoi qu'on dise,
Rien ne vaut ma Denise !
Par ma foi,
Croyez-moi,
C'est un vrai morceau de roi !

LE CHŒUR.

Si c'est un morceau de roi,
Bazile, prends garde à toi !
BAZILE, *remontant la scène.*
Quelqu'un vient... c'est maître Hocquart.
En route, allons, plus de retard.

SCÈNE III.

LES MÊMES, HOCQUART.

*Ils prennent les uns leurs armes, les autres leurs cors de
chasse, les autres leurs bâtons.*

ENSEMBLE GÉNÉRAL.

Taïaut ! taïaut ! taïaut ! la chasse sera belle !
Le plaisir nous appelle,
Hâtons-nous,
Courons tous
Au royal rendez-vous !

Tous font un mouvement pour sortir par la droite.

HOCQUART.

Où courez-vous par ce chemin ?

BAZILE.

Mais, dame, à la Croix-Blanche, au rendez-vous en-
[fin.

HOCQUART.

Ce n'est plus là qu'il faut se rendre,
On a tout changé ce matin.

BAZILE, *à part.*

Et Denise qui va m'attendre !

HOCQUART.

A Satory l'on se réunira.

BAZILE.

Si loin ! qui donc a fait ce beau coup-là ?

HOCQUART.

Notre seigneur et maître,
Le roi !
Il en a bien le droit peut-être ?

BAZILE.

Oui, sans doute, mais...

HOCQUART.

Eh bien ! quoi ?

BAZILE.

Eh bien !... vous partirez sans moi.

HOCQUART.

Bazile !

BAZILE.

Pas de colère,
Ecoutez, père Hocquart, je reste... pour affaire.

HOCQUART.

Quelle affaire ? voyons, parle vite !

BAZILE.

Voilà :

Vous savez que le braconnage,
Même quand nous sommes tous là,
Dévaste chaque jour ce royal apanage ;
Donc, si nous partons tous, vous jugez, père Hoc-
[quart...

HOCQUART.

Oui, je te vois venir. Mais, mon pauvre Bazile,
Va, tu n'es pas encore assez habile
Pour attraper un vieux renard :
Les braconniers, qu'ici ton zèle guette,

Sont comme qui dit a il une jeune fillette,
  Qui de Meudon descend chaque matin
Pour porter à Paris les fleurs de son jardin.

BAZILE.   [folle,
Eh bien! oui, là, c'est vrai, père Hocquart, j'en raf-
J'en languis, j'en maigris, j'en perds boire et man-
  Et si vous vouliez m'obliger...   [ger!

HOCQUART.
  Ah! c'est trop fort, sur ma parole!
En route!

Il le pousse.

BAZILE.
    Sans la voir rester tout un grand jour!
  Vous n'avez donc jamais connu l'amour?

HOCQUART.
Je connais mon devoir, et tu suivras la chasse,
Insolent, ou sinon, un autre aura ta place.

BAZILE.
  Ça suffit, on y va.

*Il prend son arme et s'arrête pour écouter la voix de De-
nise, qu'on entend dans le lointain.*

  C'est elle!...

HOCQUART.
    Eh bien! que fais-tu là?

BAZILE.
  Moi? rien, j'écoute.

HOCQUART.
Un braconnier peut-être?... [Allons, te dis-je, en
                                                [route!

BAZILE.
Méchant sournois, tu me paieras tout ça!

ENSEMBLE GÉNÉRAL.

Taïaut! taïaut! taïaut! la chasse sera belle!
  Le plaisir nous appelle.
    Hâtons-nous,
    Courons tous
  Au royal rendez-vous!

*Ils s'éloignent par les sentiers à gauche; Hocquart pousse
Bazile devant lui. Sur la ritournelle, qui finit piano, on
entend de nouveau le refrain de Denise, qui paraît et
disparaît, suivant le mouvement du sentier qu'elle suit,
et la disposition des arbres, jusqu'à ce qu'elle arrive à
l'avant-scène. Ses bouquets sont dans une corbeille
qu'elle porte sur la tête.*

SCENE IV.

DENISE, *seule.*

  Prends bien garde, fillette,
  Ne va jamais seulette
  Dans les bois de Meudon.
    Tra, la, la, la.
Ah! enfin, m'y voilà!

Elle pose son panier sur un banc de gazon, à droite.

    Mais je fais mal, peut-être,
  De venir ainsi chaque jour
Attendre là Bazile... Il me parle d'amour,
On le sait... à la fin, cela peut compromettre:
  Au village on est si méchant!

Quoi qu'on en dise, heureusement,
  Je n'ai pas cessé d'être sage.
Pour ça, j'en suis bien sûre... un baiser en venant,
    Un second en partant,
  Ne peuvent pas... oh! non, certainement.
    Et d'ailleurs, notre mariage
  Fera bientôt cesser tous les caquets.
  Moquons-nous donc de leur sot bavardage,
    Et sans y songer davantage,
    En chantant faisons mes bouquets.

Elle fait quelques bouquets tout en chantant.

PREMIER COUPLET.

  Jeune, gentille et sage,
  Alice aimait un page
  Du comte, son seigneur.
  Il lui parlait sans cesse
  De sa vive tendresse;
  Et c'était un trompeur!
  Mais moi, je suis tranquille.
  Oh! ce n'est pas Bazile
  Qui jamais trompera.
    Oh! nani dà!
  Comme j'aime Bazile,
  Toujours il m'aimera!
    Tra, la, la, la.

DEUXIÈME COUPLET.

  Un jour le méchant page
  Disparut du village,
  Pour n'y plus revenir.
  Alice abandonnée,
  Aux remords condamnée,
  N'avait plus qu'à mourir!
  Mais moi, je suis tranquille:
  Ce n'est pas mon Bazile
  Qui jamais trompera.
    Oh! nani dà!
  Comme j'aime Bazile,
  Toujours il m'aimera.
    Tra, la, la, la.

Mais qui donc le retient? Je n'y puis rien com-
  J'ai fini mon dernier bouquet.   [prendre.
Ce vilain-là se fera-t-il attendre
  Jusqu'au cinquantième couplet?
    Alice, toute en larmes,
    Voyait périr ses charmes...
C'est une horreur! serait-il infidèle?
Déjà!... ah! bast! pour qui? suis-je pas la plus
                                              [belle?
Du moins chacun le dit, et jusqu'à mon miroir,
  Qui m'en répond, matin et soir.
  On vient... c'est lui!... qu'il craigne ma colère!
Vous voilà donc!... O ciel! des seigneurs de la cour!
  Ici que viennent-ils donc faire?
Eh! vite, cachons-nous!

*Elle place vivement la corbeille derrière le banc de gazon,
et disparaît dans le fond de la grotte.*

SCENE V.

FRANÇOIS, UN ÉCUYER, UN OFFICIER, UN PIQUEUR, DEUX PAGES.

FRANÇOIS, *dans le fond.*

C'est bien ce carrefour.

A ses gens.

Sans moi mes équipages
Partiront pour Satory.
Toi, Montéjean, mes piqueurs et mes pages,
Vous m'attendrez hors des murs, près d'ici.

Retenant Montéjean.

Tu feras dire à la duchesse
Que je suis retenu pour affaire qui presse,
Chez la reine, entends-tu ?

A tous.

Si j'ai besoin de vous,
Vous serez avertis par un coup d'arquebuse.
Allez !

Ils sortent par le fond.

SCENE VI.

FRANÇOIS, *seul.*

Tout seconde ma ruse.
Voilà bien le chemin
Que prend chaque matin
La charmante Denise.
Son Bazile est bien loin ; sans crainte de surprise,
Je pourrai donc la voir enfin !

Il place son arquebuse contre un arbre, à gauche.

CAVATINE.

Gentille bouquetière,
Ta fraîcheur printanière
De tes plus belles fleurs
Efface les couleurs !
Viens, naïve Denise,
Viens, que ma voix te dise
Que ton seigneur et roi
Veut vivre sous ta loi !
Mais, non, cachons plutôt, cachons mon rang su—
D'être aimé pour moi-même   (prême.
Que je goûte enfin le bonheur !
Dans l'éclat des fêtes,
Brillantes coquettes,
Vous tournez les têtes,
Sans toucher le cœur !
Qu'êtes-vous près d'elle,
Simple et sans détour,
Et pourtant si belle,
Si digne d'amour ?
Gente jouvencelle,
Viens vers qui t'appelle ;
Ce cœur est à toi !
Pour prix de ma flamme,
Viens, et que ton âme
N'aime en moi que moi !

SCENE VII.

FRANÇOIS, DENISE.

DENISE, *reparaissant dans la grotte.*
Il est parti, sans doute.

Regardant avec précaution.

Mon Dieu ! non, il est encor là.
C'est que tout juste il me barre ma route.

FRANÇOIS.

Mais elle tarde bien ; que veut dire cela ?
Voyons là-haut...

Il remonte la scène.

DENISE.

Ah !... enfin, il s'en va !
A Paris courons vite.

Elle met sa corbeille sur sa tête.

FRANÇOIS, *dans le fond.*

Rien encor !

DENISE.

Je verrai mon Bazile demain.

FRANÇOIS, *redescendant au moment où elle va tra-
verser le théâtre.*

C'est elle !... Où courez-vous donc ainsi, ma petite ?

DENISE.

Je vais vendre à Paris les fleurs de mon jardin.

FRANÇOIS, *la retenant.*

Mais vous avez le temps.

DENISE.

Non, je suis très-pressée.
On m'attend.

FRANÇOIS.

Pourquoi donc prendre alors par le bois ?
C'est le plus long, je crois.

DENISE, *embarrassée.*

Le plus long, oui, mais...

FRANÇOIS.

Mais... Naïve fiancée,
Votre motif secret se devine aisément.

DENISE.

Mon beau seigneur, quelle est votre pensée ?
Vous vous trompez assurément.

FRANÇOIS.

Oh ! non, vraiment.
Dans ces sentiers, où règne le mystère,
Chaque jour, par hasard, et très-innocemment,
Ne peut-on rencontrer, ma chère,
Quelque chaland,
Jeune et galant,
Qu'à tout autre on préfère,
Et que l'on sert, chemin faisant ?

DENISE.

Je ne puis vous comprendre.

FRANÇOIS.

Oh ! sans doute, et pourtant
Tu rougis, petite coquette.

DENISE.

Moi, du tout, monseigneur ;
Si je rougis, c'est... de chaleur.

FRANÇOIS.
En effet, l'air est lourd... ce panier sur la tête
Est accablant pour toi.
Donne.

Il enlève le panier et le met sur le banc de mousse.

DENISE.
Mais, monseigneur !...

FRANÇOIS.
Et viens là près de moi.
Nous causerons.

DENISE.
De quoi ?

FRANÇOIS.
De quoi ?... de tout ce qui pourra te plaire.

DENISE.
Cela peut être long ; et j'ai beaucoup à faire.
Adieu donc, monseigneur.

Elle veut reprendre son panier.

FRANÇOIS, *la retenant.*
Oh ! tu ne fuiras pas ; non, c'est trop de rigueur !

Elle veut aller prendre ses fleurs, et il la retient.

DUO.

FRANÇOIS.
Un seul moment encore !
Écoute, je t'adore,
Et ne vis que pour toi !

DENISE.
Eh ! quoi ! vraiment, votre ame
Si vite aurait pris flamme ?
C'est trop d'honneur pour moi !

FRANÇOIS.
Quand mon cœur en délire
Brûle pour tes appas,
Tu ris de mon martyre !

DENISE.
Non, mais je n'y crois pas.

FRANÇOIS.
D'un seul mot, je t'en prie,
Décide de ma vie !

DENISE.
Non, non, je dois partir.
Quelqu'un pourrait venir.

FRANÇOIS.
Qui donc ? monsieur Bazile ?

DENISE.
Bazile, vous savez ?...

FRANÇOIS,
Pourquoi cet embarras ?
Ma pauvre enfant, va, sois tranquille,
Bazile ne viendra pas.

DENISE.
Comment ?

FRANÇOIS.
Auprès de toi pour prendre ici sa place,
J'ai fait changer le rendez-vous de chasse.

DENISE.
Mais c'est affreux ! ainsi, tout aujourd'hui
Je ne le verrai pas ? ô mon Dieu ! quel ennui !

FRANÇOIS.
Tu l'aimes donc beaucoup ?

DENISE.
Autant qu'il m'aime lui !

ENSEMBLE.

FRANÇOIS.
O Denise, ma belle,
Ne sois pas si cruelle,
Réponds à mon ardeur !

DENISE.
Je ne suis pas cruelle ;
Mais je reste fidèle
A qui toucha mon cœur !

FRANÇOIS.
Et si je te disais : Tu seras châtelaine ;
Je paîrai ton amour d'un riche et beau domaine !
Pour gagner ton manoir, sur un fier destrier,
Mon ange, prends la main d'un noble chevalier !
Que me répondrais-tu, Denise ?

DENISE.
Je répondrais avec franchise :
Merci, mon Bazile est mon lot ;
Avec lui j'ai ce qu'il me faut.

ENSEMBLE.

S'il n'a pas la richesse,
S'il n'a pas la grandeur,
L'honneur est sa noblesse,
Son trésor est mon cœur !

FRANÇOIS.
Quoi ! vraiment, la richesse
Pour elle est sans valeur ?
Mais enfin ma tendresse
Saura toucher son cœur !

Et si je te disais : L'éclat d'une couronne
Eblouira tes yeux, si ton ame se donne ;
Je suis roi, belle enfant, ici François premier
A la reine des fleurs s'offre pour chevalier !
Que me répondrais-tu, Denise ?

DENISE.
Je répondrais encore avec franchise :
Merci, mon Bazile est mon lot ;
Avec lui j'ai ce qu'il me faut.

ENSEMBLE.

Que le roi me pardonne
De parler sans détour :
L'éclat d'une couronne
Ne tient pas lieu d'amour !

FRANÇOIS.
Sa constance m'étonne.
Par bonheur, à la cour.
L'éclat de ma couronne
Me sert mieux en amour !

Denise retourne à son panier.

FRANÇOIS.
Ainsi donc un obscur vassal
De son maître est l'heureux rival !

DENISE, *arrangeant ses fleurs.*
Dam ! le premier il est venu,
Et le premier venu m'a plu.

FRANÇOIS.
Et si, dans ma juste colère,

Pour me venger de toi,
Dès aujourd'hui, ma chère,
Je l'envoyais soupirer à la guerre ?

DENISE, *revenant à lui.*

Que dites-vous ?... pour vous venger de moi,
Vous le pouvez, vous êtes maître;
Mais on dira peut-être
Que ce n'est pas agir en roi.

FRANÇOIS.

Denise !... eh bien, non, sois sa femme,
Puisque tu l'aimes, je le permets ;
Et même je promets
De vous doter.

DENISE.

Ah ! c'est bien ! sur mon ame,
A présent vous parlez en roi !

FRANÇOIS.

Mais si je fais cela pour toi,
Tu dois au moins payer mon indulgence
D'un seul baiser.

DENISE, *s'éloignant.*

Aye ! aye !

FRANÇOIS, *la suivant.*

Oh ! tu ne peux me refuser !

DENISE, *à part.*

Par exemple ! et Bazile ?

FRANÇOIS.

Eh bien ?

DENISE.

Quelqu'un s'avance !
Nous en reparlerons ce soir.

Faisant la révérence.

Monseigneur, au revoir !

FRANÇOIS, *la retenant*

Denise!

ENSEMBLE.

DENISE, *se débattant.*

Ah ! pitié pour ma faiblesse ;
Respectez ma sagesse.
Pitié, mon bon seigneur !
Ah ! laissez-moi l'honneur !

FRANÇOIS.

Réponds à ma tendresse.
La grandeur, la richesse
Pairont ici ton cœur !
Consens à mon bonheur !

Denise se sauve par le fond à gauche ; le roi la poursuit
en l'appelant.

FIN DU PREMIER ACTE.

ACTE DEUXIEME.

Même décoration qu'au premier acte.

SCENE PREMIERE.

LA DUCHESSE D'ÉTAMPES, LE COMTE DE SAINT-POL.

LE COMTE, *paraissant le premier.*

Par ici, madame la duchesse.
Nous voilà tirés d'embarras.

LA DUCHESSE.

Vantez-vous de votre prouesse !
Voyons, où sommes-nous enfin ?

LE COMTE.

Je n'en sais rien, s'il faut le dire.

LA DUCHESSE.

Mais c'est un guet-apens ! Par le plus court che-
[min
A Satory vous devez me conduire;
Et depuis ce matin qu'ensemble nous marchons,
De détours en détours, selon que je puis croire,
Près Meudon nous nous retrouvons.

LE COMTE, *feignant l'étonnement.*

Comment ?

LA DUCHESSE.

Eh ! oui, voilà la Roche-Noire.

LE COMTE.

Vous croyez ?

LA DUCHESSE.

Mais c'est odieux !

LE COMTE.

Je me serai trompé, sans doute.
Que voulez-vous ? Je regardais vos yeux,
Et je ne voyais plus la route :
On se perdrait à moins, vraiment !

LA DUCHESSE.

L'excuse est tout-à-fait galante.
Mais croyez-vous que le roi s'en contente ?

LE COMTE.

Le roi ne saura rien. Songez qu'en ce moment
Chez la reine sa mère
On le dit retenu pour une urgente affaire.
Avant lui nous serons encore au rendez-vous.

LA DUCHESSE.

Mais je meurs de fatigue.

LE COMTE.

Eh bien! reposons-nous.
Ce couvert est charmant, et l'air qu'on y respire,
Avec vous partagé, met le cœur en délire!

LA DUCHESSE.

Je ne suis pas en train de rire.

LE COMTE.

Mais moi non plus, en vérité!
Croyez que mon amour...

LA DUCHESSE, *affectant un ton sérieux.*

Comte, qu'osez-vous dire?
Cette témérité
Est un crime, entre nous, de lèse-majesté.

LE COMTE.

Soit! j'en risque les conséquences.

LA DUCHESSE.

Mais moi, je ne veux rien risquer.

LE COMTE.

Quoi! sans pitié pour mes souffrances!

LA DUCHESSE, *lui riant au nez.*

Allons! vous voulez vous moquer.

LE COMTE.

Me moquer !

COUPLETS.

Je vous aime, madame !
Jamais plus vive flamme
N'excita dans une ame
Un délire aussi doux.
Démon, ange, ou Madone,
A vous je m'abandonne;
Mon salut, je le donne,
Pour être aimé de vous.

LA DUCHESSE.

Ce langage m'étonne.
Que le ciel vous pardonne!
Démon, ange ou Madone,
Je ne puis rien pour vous.

Ils reprennent ensemble ce quatrain.

LE COMTE.

Montrez-vous moins cruelle,
Ou sous votre prunelle
Cachez cette étincelle
Qui m'embrase d'amour.
Pour prix de ma constance,
Pitié pour ma souffrance!
Me ravir l'espérance,
C'est me ravir le jour.

LA DUCHESSE.

Malgré votre constance,
Oh! je puis bien, je pense,
Vous ravir l'espérance,
Sans vous ravir le jour.

REPRISE ENSEMBLE.

LE COMTE.

Et c'est pour un parjure
Que vous me dédaignez ainsi !

LA DUCHESSE.

Le roi n'est point parjure.
Il n'aime que moi, j'en suis sûre,
Et je ne veux aimer que lui.

LE COMTE.

Mais si je vous prouvais, madame,
Qu'il vous trahit?...

LA DUCHESSE.

Oh! sur mon ame,
Alors... mais non, sa loyauté...
Quelqu'un !... c'est lui... surprise extrême!
Que vient-il faire ici?

LE COMTE.

Qui sait? dans sa bonté,
Vous offrir peut-être lui-même
Un exemple de fidélité.

LA DUCHESSE.

S'il me trompait...

LE COMTE.

Venez, madame.
De là nous pourrons l'observer.

Il entraîne la Duchesse dans la grotte à droite.

<hr>

SCENE II.

LES MÊMES, FRANÇOIS.

Le roi reparaît dans le fond et semble chercher encore.

FRANÇOIS.

Impossible de la trouver !
Denise!

LE COMTE.

Entendez-vous?

LA DUCHESSE.

L'ingrat!

LE COMTE.

Calmez votre ame.
Il faut observer tout.

FRANÇOIS, *descendant la scène.*

Je n'en puis plus !... où donc est-elle?
Denise!

LA DUCHESSE.

L'infidèle!
Ah! ma patience est à bout !

FRANÇOIS.

Mais j'y songe.

LA DUCHESSE.

Il me le paira.

FRANÇOIS.

Si sa corbeille est encor là,
Elle viendra sans doute la reprendre;
Le mieux serait donc de l'attendre.
Oui, voyons.

Il se dirige, sur la ritournelle, vers la grotte.

QUATUOR.

LE COMTE.

Il approche... eh ! vite, sauvons-nous.

*Il entraîne la Duchesse par le fond de la grotte, et repa-
raît avec elle derrière d'autres arbres, vers le milieu du
théâtre quand François pénètre dans la grotte.*

FRANÇOIS.

Les fleurs y sont encore... Ah ! petite coquette !
Je te tiens, cette fois !

LA DUCHESSE.

Qu'il craigne mon courroux !

LE COMTE.

De la prudence ! calmez-vous !
Et cherchons une autre retraite.

FRANÇOIS.

En l'attendant, reposons-nous.
Ouf ! j'achète cher cette conquête ?

*Il met le panier de fleurs à terre et s'assied ; la Duchesse
et Saint-Pol ont gagné le bosquet du côté gauche.*

ENSEMBLE.

FRANÇOIS.

Oui, Denise est à moi.
Avant peu, je l'espère,
Son ame moins sévère
Aura subi ma loi.

LA DUCHESSE.

Trahir ainsi sa foi !
J'étouffe de colère..:
Que résoudre ? que faire ?
Comte, conseillez-moi.

LE COMTE.

Puisqu'il trahit sa foi,
Vengez-vous sans colère.
Comme il fait il faut faire :
Je vous aime, aimez-moi.

SCENE III.

LES MÊMES, DENISE.

DENISE, *regardant et écoutant dans le fond, à
droite et à gauche.*
Plus rien... enfin, je suis sauvée !

FRANÇOIS.

C'est elle ! oh ! par ma foi !
Pour cette fois elle est à moi.

DENISE.

Quel méchant homme que ce roi !
Heureusement je me suis retrouvée.
Voilà la croix !... du fond du cœur,
Bénissons mon ange sauveur.

Elle se met à genoux au pied de la croix.

LA DUCHESSE.

La pauvre enfant ! que d'innocence !
Mais lui, le traître ! oh ! j'en aurai vengeance.

ENSEMBLE.

DENISE, *priant.*
Oh ! veille encor sur moi,
Mon ange tutélaire !
Au seul qui sut me plaire
Garde aujourd'hui ma foi.

FRANÇOIS.

Oui, Denise est à moi, etc.

LA DUCHESSE.

Trahir ainsi sa foi, etc.

LE COMTE.

Puisqu'il trahit sa foi, etc.

DENISE.

Maintenant, vite à mes fleurs !

FRANÇOIS.

Ah ! enfin !

DENISE.

Mais de peur de quelque perfide,
Assurons-nous d'abord que mon chemin
Ne sera pas coupé.
Elle va au bosquet à gauche.
Qu'ai-je vu ?

LE COMTE.

Sur ta vie,
Pas un mot !

LA DUCHESSE.

Sois discrète, une riche dot
Sera le prix de ton silence.

LE COMTE.

Si tu parles, crains ma vengeance.

DENISE.

Oui, monseigneur, madame, oh ! je vous promets
Que personne ne saura rien.   [bien
Elle quitte le bosquet et s'arrête au milieu du théâtre.

ENSEMBLE.

Quel est donc ce mystère ?
Ici la cour entière
S'est donné rendez-vous.

FRANÇOIS.

A l'ombre du mystère,
O toi, qui m'es si chère,
Viens à mon rendez-vous !

ENSEMBLE.

LA DUCHESSE.

De son amour sincère
Enfin la preuve est claire :
Qu'il craigne mon courroux !

LE COMTE.

Sa trahison, j'espère,
Est pour vous assez claire ?
Croyez-moi, vengez-vous !

*Après l'ensemble, Denise va pour chercher ses fleurs,
François la prend alors par la taille ; elle pousse un cri
de surprise, et veut fuir.*

DENISE.

Finissez, laissez-moi,

Ou j'appelle, je crie!

FRANÇOIS.

Et qui t'entendra, je te prie?
Nous sommes seuls.

DENISE, *tremblant.*

Oui, seuls.

FRANÇOIS.

Calme donc cet effroi.

ENSEMBLE.

DENISE.

Épargnez la pauvre Denise,
Par pitié, monseigneur le roi!
Laissez-moi! laissez-moi!

FRANÇOIS.

Puisqu'au piége te voilà prise,
Aime enfin ton seigneur et roi.
Calme-toi! calme-toi!

LA DUCHESSE.

Je n'y tiens plus!

LE COMTE, *la retenant.*

Pas d'imprudence!
Comment nous justifierions-nous?

*Pendant ce temps, François a continué à tourmenter De-
nise, qui se débat, et il finit par l'embrasser.*

LA DUCHESSE.

Qu'entends-je?

LE COMTE.

Eh bien! pour le punir qu'attendez-vous?

LA DUCHESSE, *lui abandonnant sa main.*

Le traître! Ah! j'en aurai vengeance!

*Le Comte baise sa main avec ardeur; dans le débat de
Denise avec le roi, le panier de fleurs a été renversé
et les bouquets sont jetés çà et là.*

DENISE.

Tout est perdu!... voyez mes fleurs!

FRANÇOIS.

Remets-toi, ma belle Denise;
Prends la dot que je t'ai promise.
Voilà de quoi sécher tes pleurs.

Il lui donne une riche bourse remplie d'or.

ENSEMBLE.

DENISE.

Sauvons-nous vite,
Prenons la fuite.
Pour échapper à ce trompeur!
Mon bon Bazile,
Va, sois tranquille,
Toi seul auras toujours mon cœur!

FRANÇOIS.

Pauvre petite,
Ton cœur palpite!
Ah! pourquoi donc cette frayeur?
Va, sois tranquille,
Ton cher Bazile
Ne saura rien de mon bonheur!

LA DUCHESSE.

Pauvre petite,

Qu'il a su vite
En imposer à ta candeur!
Mais sois tranquille,
Il m'est facile
De te sauver du séducteur!

LE COMTE.

Suivez-moi vite.
Prenons la fuite;
Pour échapper à ce trompeur!
Dans un asile,
Sûr et tranquille,
Nous attendrons le séducteur!

*Sur la fin de la ritournelle, Bazile entre en courant et en
cherchant.*

SCÈNE IV.

LES MÊMES, BAZILE.

BAZILE, *appelant.*

Denise!

DENISE.

Ah! mon Dieu! c'est Bazile!

FRANÇOIS.

Mais ce n'est pas possible.

DENISE.

Hélas! si,
C'est lui vous dis-je!

FRANÇOIS.

L'imbécile!

BAZILE, *plus près.*

Denise!

DENISE.

Si je reste, il va venir ici.

FRANÇOIS.

Quel sotte visite!
Va donc, et chasse-le bien vite.

BAZILE, *tout près de la grotte.*

Denise!

DENISE, *sortant vivement.*

Me voici.
Vous m'avez assez fait attendre,
Monsieur.

BAZILE.

C'est vrai; mais si j'arrive tard,
C'est la faute du père Hocquart,
Qui n'a voulu rien entendre.
Grâce au ciel cependant, m'en voilà revenu!
La chasse n'a pas lieu.

DENISE.

Pourquoi?

BAZILE.

C'est que, vois-tu?
On dit le roi perdu.

DENISE, *regardant la grotte.*

Ah! bah! vraiment, perdu?

BAZILE.   [trace,

Quel bonheur! hein? Tandis que l'on cherche sa
J'ai planté là mon cor de chasse,
Et près de toi j'ai pu me rendre enfin!

DENISE.
C'est bien, mais il est tard, nous nous verrons
   BASILE.   [demain.
Attends donc. Encore une autre histoire,
Et celle-là, c'est à ne pas la croire :
La duchesse d'Étampe a fait comme le roi,
Elle est perdue aussi.
   FRANÇOIS.
   Qu'entends-je?
  LE COMTE, *riant.*
     Ah! par ma foi,
  Le tour est impayable!
   LA DUCHESSE.
  Oui, riez, c'est abominable!
DENISE, *regardant le bosquet où est la Duchesse.*
Quoi! vraiment, la duchesse...
   BAZILE.
    Oui, ma chère, et je crois
Qu'elle a passé de ce côté du bois;
Car en venant j'ai trouvé, sur ma route,
Cette écharpe à son chiffre.
   LA DUCHESSE, *à part.*
   O ciel!
   DENISE.
    Donne-la-moi.
   FRANÇOIS, *à part.*
Que signifie?
   LA DUCHESSE, *au Comte.*
   Eh bien! me voilà compromise,
Monsieur; qu'aurai-je à dire au roi?
   LE COMTE.
Oh! vous trouverez bien.
   BAZILE.
    Maintenant, ma Denise,
Sous cet abri viens-tu nous reposer?
  Il veut aller dans la grotte où est le roi.
   DENISE, *vivement.*
Non pas! non pas!
   Elle l'arrête.
   BAZILE.
  Pourquoi?
   DENISE.
    Cela fait trop jaser!
   BAZILE.
  Ah! bah! laisse-les dire!
Quand tu seras ma femme, ils n'auront plus à rire.
Viens donc!
   Il veut l'entraîner.
  DENISE, *se débattant.*
  Vous allez me fâcher!
   BAZILE.
Non; mais enfin qui peut donc t'empêcher,
Puisque chaque matin...
  DENISE, *lui mettant la main sur la bouche.*
   Voulez-vous bien vous taire?
  LE COMTE, *riant.*
C'est parfait!
   BAZILE.
  Entre nous, à quoi bon ce mystère?

Ne sommes-nous pas seuls?... Ah çà! tu vas, j'es-
 Au moins me laisser t'embrasser? [père,
   DENISE.
Il faut bien s'en débarrasser!
Fais vite, allons.
  Il lui donne deux gros baisers.
  LE COMTE.
Bravo!
   FRANÇOIS.
  Le butor!
   BAZILE.
    Tiens, Denise,
 Veux-tu que je te dise?
Je me trouve là, près de toi,
Cent fois plus heureux que le roi!
   FRANÇOIS.
En ce moment surtout!
   BAZILE.
    Que je t'aime, Denise!
Encore un, hein? Veux-tu?
  Il veut encore l'embrasser.
  DENISE, *se dégageant.*
    Non vraiment, laissez-moi!
C'est bien assez! je me sauve à la ville.
   BAZILE.
 Déjà!
   HOCQUART, *dans la coulisse.*
   Bazile! holà! Bazile!
   DENISE.
Entends-tu? Va-t'en donc!
   BAZILE.
    Non, laissons-le chercher.
Tiens, par ici, viens nous cacher.
  Il veut aller dans le bosquet où est la Duchesse.
  DENISE, *passant vivement devant lui.*
Du tout, monsieur, c'est inutile.
Partez bien vite, ou dès demain,
Je vous en avertis, je change de chemin.
   BAZILE.
Oh! non, c'est dit, je pars.
  HOCQUART, *toujours dans la coulisse.*
    Bazile!
   BAZILE.
On y va, vieux sournois! Mais, Denise, à demain.
   [DENISE, *le poussant.*
Oui, sans doute... Va donc... Enfin!

SCENE V.

LES MÊMES, *moins* BAZILE.

  DENISE, *au Roi, qui va à elle.*
Ah! qu'avez-vous fait, monseigneur?
Je n'eus jamais pareille peur!
   FRANÇOIS.
 La pauvre enfant!... Mais le temps presse;
Rends-moi d'abord l'écharpe...
   DENISE.
    Ah! oui... de la duchesse.

FRANÇOIS.

Donne donc?

DENISE.

La voilà.

FRANÇOIS.

C'est bien... Attends-moi là.
Je vais donner un ordre, et te rejoins ensuite.
A revoir donc, chère petite.
Mais attends-moi surtout!

DENISE.

Oui, sire.

A part.

Oh! nenni dà!

Je ne l'attendrai pas.

*Elle va pour reprendre ses fleurs; la Duchesse et Saint-
Pol sortent au même moment de leur bosquet.*

SCENE VI.

DENISE, LA DUCHESSE, LE COMTE.

LA DUCHESSE.

Mon enfant...

DENISE.

Ah! madame,
C'est vous... vous qui... l'écharpe enfin... Ah! sur
                                        [mon ame,
J'ai bien tremblé pour vous aussi.

LA DUCHESSE.

C'est bien; c'est bien, mais viens ici,
Et raconte-nous vite,
Sans rien cacher surtout, en toute bonne foi,
Ta rencontre avec le roi.

DENISE.

Oh! je puis parler sans mystère :
Je n'ai rien à me reprocher;
Je n'ai donc rien à vous cacher.

LA DUCHESSE.

Voyons, commence, et sois sincère.

LE COMTE, *à part.*

Quels yeux fripons !

DENISE.

Vous dites?

LA DUCHESSE.

Rien; nous t'écoutons.

DENISE, *se plaçant entre eux.*

AIR :

Voici l'histoire véritable
De cette aventure incroyable.
Ah! quand j'y songe, malgré moi,
Mon cœur palpite encor d'effroi!
Je m'en allais seulette,
Emportant sur ma tête
Ces fleurs de nos jardins.
J'étais là bien tranquille,
Attendant mon Bazile,
Comme tous les matins.
Jugez de ma surprise!
Arrête, ma Denise,

Me dit un beau seigneur.
Je te fais châtelaine,
Et d'un riche domaine
Je veux payer ton cœur!

LA DUCHESSE.

Ah! c'est indigne!

DENISE.

Tenez, madame, il était là,
Les bras tendus comme cela:
Et, sans le connaître, ma foi,
Moi, je riais au nez du roi!
Ah! c'est que, voyez-vous,
On est sage chez nous!
Bazile a ma tendresse;
Son cœur est ma richesse,
Et vaut cent fois pour moi
Tous les trésors d'un roi!
Bientôt, dans son audace,
Il demande un baiser.
Qu'auriez-vous fait, vous, madame, à ma place?
Moi, j'ai cru devoir refuser.

LA DUCHESSE.

Et tu as très-bien fait.

DENISE.

Il insiste,
Je résiste,
Et glissant sous sa main,
Dans le bois je me sauve enfin!
Ah! c'est que, voyez-vous,
On est sage chez nous.
Bazile a ma tendresse;
Son cœur est ma richesse,
Et vaut cent fois pour moi
Tous les trésors d'un roi!
Après une assez longue absence,
Je revenais sans défiance,
Quand tout-à-coup, là... Mais j'y pense :
Tout le reste vous est connu.
Et, puisque vous avez tout vu,
Tout entendu,
Vous pourrez avec assurance
Témoigner de mon innocence!
Ah! c'est que, voyez-vous,
L'honneur est tout pour nous!
Bazile a ma tendresse;
Son cœur est ma richesse,
Et vaut cent fois pour moi
Tous les trésors d'un roi!

LA DUCHESSE.

Aimable enfant,
Sa candeur m'intéresse.

LE COMTE.

Et moi, beaucoup aussi!

LA DUCHESSE.

Vraiment?

DENISE.

Maintenant,
Puis-je partir, madame la duchesse?

LA DUCHESSE.

Non, demeure au contraire. On t'apprendra pour-
De ta rencontre avec le roi   [quoi.

Il ne faut rien dire à Bazile,
N'est-ce pas ?

DENISE.

Oh ! non! non, car il est si jaloux !

LA DUCHESSE.

Mais, pour que nous gardions ce secret entre nous,
A mes plans, à ton tour, il faut te rendre utile.

DENISE.

Oh ! vous pouvez compter sur moi.

Au Comte.

Mais laissez donc ma main!

LA DUCHESSE, à Saint-Pol.

Monsieur le comte!

A Denise.

Pour commencer, rends-moi la dot du roi.

DENISE.

Plaît-il ? mais ce n'est plus mon compte.

LA DUCHESSE.

Il le faut, obéis.

DENISE.

Comment ?
Au lieu de me donner celle qu'on m'a promise,
On me reprend...,

LA DUCHESSE.

Obéissez, Denise.

DENISE.

Mais je n'ai pas parlé pourtant !

Rendant la bourse du Roi.

Tenez, madame, la voilà.

A part.

Ah! si j'avais prévu cela !

Elle donne une tape au Comte, qui veut encore prendre sa
main.

LA DUCHESSE.

Ici le roi t'a prescrit de l'attendre.

DENISE.

Oui, mais moi, je...

LA DUCHESSE.

Tu resteras.
Dans ce bosquet tu me remplaceras.

DENISE, montrant le Comte.

Avec lui? par exemple ! ah çà! mais, et Bazile ?

LA DUCHESSE.

Oh! sois tranquille,
Le comte te respectera.

DENISE.

En êtes-vous bien sûre, dà ?

LE COMTE.

Puisque madame la duchesse
Répond ici de ma sagesse...

DENISE.

J'entends bien, mais vos yeux ne m'en répondent
[pas.

Prenez-y bien garde, en tous cas,
Soyez sage, ou d'abord je crie !

LA DUCHESSE.

Le roi! chut! plus un mot!

DENISE, se laissant entraîner par le Comte.

Adieu, ma pauvre dot !

La Duchesse se retire dans la grotte où était Denise, le
Comte et Denise vont dans l'autre.

SCENE VII.

LES MÊMES, FRANÇOIS.

FRANÇOIS.

La pauvre enfant tremble encor, je parie.
Allons vite la rassurer.

Il va entrer dans la grotte, et recule en voyant la Duchesse.

Quoi! madame, c'est vous !

LA DUCHESSE, allant à lui.

Mais, oui, sire, moi-même.
A voir cette surprise extrême,
Le roi n'espérait pas sitôt me rencontrer?

FRANÇOIS.

J'en conviens. Et pourtant, ici je puis le dire,
Je vous cherchais, madame.

LA DUCHESSE.

En vérité?

FRANÇOIS.

On vous disait perdue, oui, madame,

LA DUCHESSE.

Eh bien! sire,
On en disait autant de votre majesté ;
Et moi, je vous cherchais aussi de mon côté.

FRANÇOIS.

A merveille! Et déjà vous me cherchiez sans doute,
Quand vous avez égaré sur la route
Cette écharpe ?

LA DUCHESSE.

Assurément :
J'étais troublée, et dans l'empressement
Où j'étais de vous voir...

FRANÇOIS.

Ah ! vous êtes trop bonne!

LA DUCHESSE.

Mais non, vous méritez cela.

FRANÇOIS, à part.

Tant d'audace m'étonne !

DENISE, à Saint-Pol, qui la lutine.

Finissez donc !

LA DUCHESSE.

Et vous aussi, déjà,
Vous me cherchiez peut-êtr e,
Quand de votre royale main
Cette bourse est tombée en chemin ?

FRANÇOIS, à part.

Ma bourse! je suis pris!

DENISE.

Il a trouvé son maître ;
C'est bien fait!

LA DUCHESSE.

Eh bien! sire,
N'avez-vous plus rien à me dire?

FRANÇOIS.

Vous saurez... le hasard... mais, fidèle à ma foi,
Pour vous je suis toujours le même,
Et c'est vous seul enfin que j'aime!

DENISE.
Comme ça ment un roi !
FRANÇOIS.
Vous ne m'écoutez pas ? croyez que ma tendresse...
LA DUCHESSE, *faisant semblant de pleurer.*
Laissez-moi, je vous hais,
Et ne vous reverrai jamais !

Elle rentre dans la grotte en se détournant pour rire ;
François n'ose la suivre, et reste à l'entrée.

DENISE.
Avoir une belle duchesse,
Et venir m'en conter à moi !
LE COMTE.
Ah ! c'est que toi,
Mon enfant, tu vaux dix duchesses !
DENISE.
Pourquoi pas dix princesses ?
LE COMTE.
Et si tu voulais...
DENISE.
Eh bien ! quoi ?
LE COMTE.
Je pourrais, ma Denise,
Remplacer la dot qu'on t'a prise.

Il lui prend la taille.

DENISE, *se dégageant.*
Grand merci, vous êtes bien bon !
FRANÇOIS,
Que faire maintenant pour gagner mon pardon ?

FINAL.

FRANÇOIS.
Pour calmer son courroux,
Je ne sais que lui dire ;
Contre moi tout conspire ;
Tombons à ses genoux.
LA DUCHESSE.
Pour calmer mon courroux,
Il ne sait plus que dire ;
Il faudra bien, beau sire,
Tomber à mes genoux !
DENISE.
Pour calmer son courroux,
Il ne sait plus que dire ;
Il faudra bien, beau sire,
Tomber à ses genoux.
LE COMTE.
Pour calmer son courroux,
Laisse-le faire et dire ;
Contre lui tout conspire,
Mais tout va bien pour nous.
FRANÇOIS, *tombant aux genoux de la Duchesse.*
Si vous ne m'accordez ma grâce,
Je ne quitte point cette place.
LA DUCHESSE.
Non, laissez-moi, c'est odieux !
LE COMTE, *à Denise.*
Si pour moi seul on est sévère
Je ne promets plus de me taire,
Et ton Bazile...

DENISE.
Ah ! c'est affreux !
FRANÇOIS.
Votre main.

ENSEMBLE.

LE COMTE.
Un baiser.
Tu ne peux me le refuser.
FRANÇOIS.
Vous ne pouvez me refuser.

ENSEMBLE.

LA DUCHESSE, *lui donnant la main.*
En vérité, je suis trop bonne...
Mais n'allez pas en abuser.
DENISE, *se laissant embrasser.*
Que Bazile me le pardonne,
Mais au moins n'allez pas jaser.
FRANÇOIS.
Comme gage de ma tendresse,
Recevez cet anneau.
LA DUCHESSE.
L'ouvrage est merveilleux !
LE COMTE.
Belle enfant, selon ma promesse,
Voilà ta dot.
DENISE, *la prenant.*
Bon ! et de deux.

ENSEMBLE.

FRANÇOIS.
Règne à jamais sur moi,
Chère ame ; par ta grâce,
Qu'en ce jour tout s'efface,
Hors l'amour de ton roi !
LA DUCHESSE.
Je reçois votre foi,
Et mon courroux s'efface ;
Mais si je vous fais grâce,
Au moins n'aimez que moi !
DENISE.
Crois toujours à ma foi,
Cher Bazile ; à ta place
Il est vrai qu'on m'embrasse,
Mais c'est bien malgré moi !
LE COMTE.
Ah ! jamais, par ma foi,
Je n'ai vu tant de grâce !
Viens, que je te rembrasse !
Viens, mon cœur est à toi !

Le Comte embrasse de nouveau Denise, et le Roi couvre
de baisers la main de la Duchesse.

SCENE VIII.

LES MÊMES, BAZILE *et* HOCQUART, *puis* LES
AUTRES GARDES, PIQUEURS, ÉCUYERS, PAGES
et DAMES DE LA COUR.

BAZILE, *dans le fond.*
Ils sont ici : j'ai reconnu des pas.

Suivez-moi, père Hocquart, ils n'échapperont pas.

HOCQUART.

Qui ça

BAZILE.

Les braconniers.

DENISE.

Il vient!... Quel embarras!

TOUS.

Chut! chut! silence!
De la prudence!

BAZILE.

Entendez-vous?

HOCQUART.

Je n'entends rien.
Si... là... là... Qui vive? ou je tire!

HOCQUART.

Personne ne répond... que viens-tu donc me dire?

BAZILE, *montrant la grotte et le bosquet.*

Entrons alors : chacun le sien.
Ah! mais j'y pense :
Ils sont peut-être dix, nous ne sommes que deux,
Pas d'imprudence :
Appelons du renfort pour nous emparer d'eux!

*Il tire en l'air un coup d'arquebuse. La duchesse et De-
nise poussent un cri.*

HOCQUART.

Quel est ce cri?
Mais, sur mon âme,
C'était un cri de femme.
Quoi le sexe braconne aussi?

BAZILE.

Voyez comme aujourd'hui
Tout se perfectionne!
C'est égal, en avant!

DENISE.

Je frissonne!

*Les gardes arrivent de tous côtés ; Bazile et Hocquart leur
font signe de cerner la grotte et le bosquet. Peu après
arrivent des écuyers, des pages, des seigneurs de la
cour.*

HOCQUART *et* BAZILE, *couchant en joue les bosquets.*

Rendez-vous, au nom du roi!

ENSEMBLE.

FRANÇOIS, *détournant l'arquebuse d'Hocquart.*

Prends donc garde, imbécile!

DENISE, *détournant celle de Bazile.*

Ne tire pas, Bazile!

ENSEMBLE.

HOCQUART.

Le roi, grand Dieu! c'est fait de moi!

BAZILE.

Denise, ô ciel! c'est fait de moi!

ENSEMBLE GÉNÉRAL *et* FINAL.

LA DUCHESSE.

Point de colère,
Au pauvre hère
Que mon pardon porte bonheur!
De l'aventure,
Ah! j'en suis sûre,

La cour va rire, et de bon cœur!

LE ROI.

Que dois-je faire?
Ah! ma colère
Cède à l'aspect de sa frayeur!
De l'aventure,
Long-temps j'en jure,
Moi, je veux rire, et de bon cœur!

HOCQUART.

Que va-t-il faire
En sa colère?

Tombant aux genoux du Roi.

Grâce! pitié pour ma frayeur!
Quelle aventure!
Long-temps, j'en jure,
De crainte encor battra mon cœur!

BAZILE.

Que dois-je faire?
La chose est claire :
C'en est donc fait de mon bonheur!
Tout me l'assure,
Elle est parjure.
Un autre ici m'a pris son cœur!

DENISE.

Que veux-tu faire?
Pas de colère!
Je n'ai songé qu'à ton bonheur!
Je te le jure,
Denise est pure,
Et pour toi seul garde son cœur!

LE COMTE.

Crois-moi, ma chère,
Ce pauvre hère
Ne méritait pas son bonheur!
De l'aventure,
Long-temps j'en jure.
Moi, je veux rire, et de bon cœur!

LE CHŒUR.

Que veut-il faire?
Le pauvre hère
Est à ses pieds mort de frayeur!
De l'aventure,
Ah! je le jure,
La cour va rire, et de bon cœur!

FRANÇOIS.

Allons, relève-toi, belître ; on te pardonne.

HOCQUART, *frottant ses genoux.*

J'en échappe une bonne!

FRANÇOIS.

Mais vous, mon cher Saint-Pol, que faisiez-vous
[donc là?

LE COMTE.

En vrai chevalier, sur mon âme,
Sire, j'exécutais les ordres de madame.

FRANÇOIS.

Comment cela?

LA DUCHESSE.

A rester seule au bois fillette se hasarde,
Vous savez... et j'ai mis, en effet, sous sa garde,
La belle enfant que voilà!

FRANÇOIS.

Pauvre petite!

C'est très-bien ;
Et surtout je vous félicite
Sur le choix du gardien.
LA DUCHESSE.
Le comte est homme sûr.
FRANÇOIS, à l'oreille de la Duchesse.
Lui ! c'est un hypocrite,
Capable de tout.
LA DUCHESSE.
Vous croyez ?
FRANÇOIS, de même.
Ah ! si vous le connaissiez !
LA DUCHESSE.
Denise !
DENISE, s'approchant en pleurant.
Madame la duchesse !
LA DUCHESSE.
D'où te vient donc cette tristesse ?
DENISE.
C'est Bazile... le voyez-vous ?
Quels yeux il fait ! vilain jaloux !
Il ne veut plus de moi pour femme.
Ah ! vous qui savez tout, madame,
Dites-lui donc...
LA DUCHESSE.
De tout mon cœur.
Approchez, monsieur le boudeur.

Bazile approche en rechignant.

Croirez-vous Denise fidèle,
Si devant tous je réponds d'elle
Comme de moi ?
LE COMTE, à part.
Par exemple !
BAZILE.
Mais dam !...
LA DUCHESSE.
Pour mieux vous satisfaire,
Vous faudra-t-il encor la caution du roi ?
FRANÇOIS.
Hein ?
LA DUCHESSE.
C'est le moins qu'ici vous puissiez faire.
A Bazile.
Eh bien ?
DENISE.
Eh bien ?
BAZILE.
C'est dit, voilà ma main.
Et la noce à demain.

LA DUCHESSE, présentant deux bourses à Denise.
Tiens, Denise, à présent, rends grâce à la fortune,
Car te voilà deux dot pour une.
DENISE.
Ça fait bien trois.
LA DUCHESSE.
Comment ?
DENISE.
Eh ! oui, vraiment :
Celle du roi, la vôtre, et puis celle du comte.
Elle la tire de sa poche et la joint aux deux autres.
FRANÇOIS, bas à la Duchesse.
Quand je vous le disais !
LE COMTE, embarrassé.
C'était en votre nom.
Madame... j'avais cru... je remplaçais...
LA DUCHESSE.
C'est bon.
Plus tard, monsieur, nous réglerons ce compte.
DENISE.
Faut-il lui rendre ?
LA DUCHESSE.
Non,
Ne rends rien.
DENISE.
Merci, madame...
BAZILE.
Et moi, dis-moi donc, je t'en prie,
Qui faut-il que je remercie ?
DENISE, montrant les bourses.
Mais tout le monde, tu vois bien.
FRANÇOIS.
Maintenant, que le cor rappelle !
Au rendez-vous,
Sans retard courons tous !
Madame nous y suivra-t-elle ?
LA DUCHESSE.
Oui ; mais pour être sûrs cette fois d'arriver,
N'allons plus nous tromper de route.
DENISE.
Oh ! non, sans doute ;
Car avant de se retrouver,
On ne sait pas souvent ce qu'il en coûte.
Tous les piqueurs embouchent le cor de chasse ; chacun
reprend ses armes.

ENSEMBLE GÉNÉRAL et FINAL.

Tayaut ! tayaut ! tayaut ! la chasse sera belle !
Le plaisir nous appelle !
Hâtons-nous !
Courons tous
Au royal rendez-vous !

FIN.

PARIS.— IMPRIMERIE DE Mme Ve DONDEY-DUPRÉ,
Rue Saint-Louis, n° 46, au Marais.

3 7531 00612891 3